MEDITACIÓN

Guía De Atención Plena Para Eliminar El Estrés, La Ansiedad Y La Depresión

(Aprender A Meditar Técnicas De Relajación Y Meditación Zen)

Leni Rico

Publicado Por Daniel Heath

© **Leni Rico**

Todos los derechos reservados

Meditación: Guía De Atención Plena Para Eliminar El Estrés, La Ansiedad Y La Depresión (Aprender A Meditar Técnicas De Relajación Y Meditación Zen)

ISBN 978-1-989808-40-5

Este documento está orientado a proporcionar información exacta y confiable con respecto al tema y asunto que trata. La publicación se vende con la idea de que el editor no esté obligado a prestar contabilidad, permitida oficialmente, u otros servicios cualificados. Si se necesita asesoramiento, legal o profesional, debería solicitar a una persona con experiencia en la profesión.

Desde una Declaración de Principios aceptada y aprobada tanto por un comité de la American Bar Association (el Colegio de Abogados de Estados Unidos) como por un comité de editores y asociaciones.

No se permite la reproducción, duplicado o transmisión de cualquier parte de este documento en cualquier medio electrónico o formato impreso. Se prohíbe de forma estricta la grabación de esta publicación así como tampoco se permite cualquier almacenamiento de este documento sin permiso escrito del editor. Todos los derechos reservados.

Se establece que la información que contiene este documento es veraz y coherente, ya que cualquier responsabilidad, en términos de falta de atención o de otro tipo, por el uso o abuso de cualquier política, proceso o dirección contenida en este documento será responsabilidad exclusiva y absoluta del lector receptor. Bajo ninguna circunstancia se hará responsable o culpable de forma legal al editor por cualquier reparación, daños o pérdida monetaria debido a la información aquí contenida, ya sea de forma directa o indirectamente.

Los respectivos autores son propietarios de todos los derechos de autor que no están en posesión del editor.

La información aquí contenida se ofrece únicamente con fines informativos y, como tal, es universal. La presentación de la información se realiza sin contrato ni ningún tipo de garantía.

Las marcas registradas utilizadas son sin ningún tipo de consentimiento y la publicación de la marca registrada es sin el permiso o respaldo del propietario de esta. Todas las marcas registradas y demás marcas incluidas en este libro son solo para fines de aclaración y son propiedad de los mismos propietarios, no están afiliadas a este documento.

TABLA DE CONTENIDO

Parte 1 1

Introducción 2

Capítulo Uno: Donde Todo Comienza............................ 5

Capítulo Dos: Los Beneficios De La Meditación................ 11

Capítulo Tres: Preparándote Para Meditar. 16

APRENDIENDO A RESPIRAR. 17
HERRAMIENTAS QUE PUEDES QUERER EMPLEAR. 18
VESTIMENTA... 19

Capítulo Cuatro: Cómo Meditar...................................... 22

MEDITACIÓN SENTADA. 23
MEDITANDO EN TU ESTERA DE YOGA. 23
RESPIRACIÓN. 24

Capítulo Cinco: Calmando La Mente. 27

Conclusión 33

Parte 2 35

Introducción 36

Capítulo 1. Comprendiendo La Meditación Y Los Tipos De Beneficios Que Puedes Recibir Al Practicarla. 38

Capítulo 2. Las Principales Razones Por Las Que Debes Meditar Y Los Increíbles Beneficios En Todas Las Áreas De Tu Vida.. 42

Capítulo 3. Comprendiendo Qué Es La Meditación Mindfulness Y Qué Significa Estar En El Presente............... 48

Capítulo 4. Guía De Inicio Rápida Acerca De Cómo Meditar Y Meditación Para Principiantes.. 52

Capítulo 5. Cómo Usar La Meditación Para Dejar De Preocuparse Y Manejar La Ansiedad. 56

Capítulo 6.Técnicas Para Incrementar La Productividad Usando La Meditación.. 60

Capítulo 7. Estrategias Para Incrementar La Espiritualidad Usando La Meditación.. 62

Capítulo 8. Consejos Para Incrementar La Capacidad De Tu Mente Usando La Meditación. 67

Capítulo 9.Estrategias Para Incrementar La Felicidad Y La Satisfacción Usando La Meditación 70

Capítulo 10. Una Guía Rápida Y Fácil Para Principiantes Para Llevar A La Práctica Una Rutina Diaria De Meditación, Que Junte Todos Estos Grandiosos Consejos De Meditación..... 74

Conclusión 78

Parte 1

Introducción

Hace mucho tiempo, la meditación se usaba para ayudar a las personas a percatarse de su espiritualidad y tratar de abrir su entendimiento. Todavía se usa de esta manera, pero como eres nuevo en esto, creo que será útil para ti aprender un poco del trasfondo de la práctica de la meditación, así como aprender de qué se trata. Sólo entonces podrás poner tu mejor esfuerzo en ello. Verás, la gente malinterpreta qué es lo que se supone que deben hacer y, si te concentras demasiado en la práctica de la meditación, podrías realmente alejarte de lo que se trata la meditación. No se trata de intentarlo. Se trata de ser.

En ese momento cuando puedes meditar, permites que tu mente alcance nuevas alturas. Es posible que haya experimentado algo como la meditación y no se haya dado cuenta de la similitud, aunque este libro lo explicará, de modo que reconozcas cuándo estás obteniendo beneficios de tu práctica, en lugar de sentir que no estás aprendiendo en las primeras etapas de la meditación. El truco es aceptar tu estado, en lugar de intentar cambiarlo. Entenderás más sobre esto a medida que te guíe por los pasos que te llevan a la meditación y a una mejor comprensión de ti mismo.

La forma en que funciona tu mente también tiene relevancia y utilizaré una cita en la primera parte de este libro que puede ayudarte a ver de qué se trata la concientización plena y su relevancia para la meditación. Aunque muchas personas practican la concientización plenacomo algo separado, ésta desempeña un papel en la meditación porque estar en el momento significa que eres más capaz de disciplinarte y sentir que estás progresando.

Gracias por comprar este libro y espero que obtenga algo de él ya que esa es mi intención. Cuando empecé a meditar por primera vez, no tenía tal guía. Sí, hay muchos libros en el mercado, aunque algunos no son del todo útiles para el principiante, ya que intentan profundizar demasiado para el principiante. Mi opinión sobre la meditación es desde el punto de vista de alguien que enseña y que aprendió a través de la prueba y el error, pero que obtuve un entendimiento interno que me permite ser una autoridad en el tema. He estado donde estás parado y conozco la inquietud con la que tomas esta ruta. Juntos meditaremos y verás los beneficios de incorporar la meditación en tu vida.

Capítulo Uno: Donde Todo Comienza.

"Si quieres vencer la ansiedad de la vida, vive el momento, vive la respiración".
AmitRay

Sabemos por la historia que la meditación fue utilizada antes del nacimiento de Cristo. De hecho, varios siglos antes del nacimiento de Cristo, un joven príncipe usó la meditación para obtener respuestas a preguntas sobre las que reflexionaba, que afectaban la forma en que las personas ahora ven la vida y el mundo en el que viven. El príncipe Siddhartha Gautama nació y su padre tomó muy en serio la afirmación de que su hijo se convertiría en un gran guerrero o que se convertiría en un gran líder espiritual. El protegió a su hijo de las realidades del mundo fuera del palacio y no fue hasta finales de sus veinte años que el joven se aventuró fuera del palacio y echó un vistazo a las vidas de la gente común. Le perturbó mucho que la gente sufría. Él no había sido consciente de ello hasta esta aventura.

También sabemos que él practicó meditación, pero cuando lo piensas, esto significa que la meditación ya debió haber sido una práctica en ese momento. La revelación que vio dentro de su mente después de una larga meditación fue la respuesta al sufrimiento de la humanidad. Así, se le ocurrieron ideas que luego se escribieron y se mantuvieron como el camino por el cual los creyentes budistas viven sus vidas. No fue por accidente que él aprendió todo esto y no te preocupes, no estoy tratando de cambiar tu filosofía de vida, ya que esta es una decisión que debes hacer por ti mismo. Sin embargo, Siddhartha Gautama alcanzó una comprensión perfecta a través de su meditación y es esto lo que los monjes budistas buscan cuando meditan: el lugar del entendimiento que se conoce como Nirvana.

Esta filosofía se sigue en todo el mundo hoy y, en particular, en Tíbet, China, India y lugares donde el lado espiritual de la vida corre en paralelo con el lado de la vida que todos ven como la vida cotidiana. Poco a poco, la filosofía se extendió al mundo occidental hasta ahora, se reconoce como un medio maravilloso para poder vincular tu mente y tu cuerpo y salir de la corriente de la multitud hacia un lugar donde puedes darte tiempo para alcanzar a tus conexiones espirituales. Hay muchos mitos que circulan cada vez que se discute algo de naturaleza espiritual, pero para el propósito de este libro, es suficiente que sepas qué es la meditación y cómo se usa.

El acto de meditación es simplemente un proceso de usar un método de respiración profunda que le ayuda a usar la capacidad de sus pulmones que generalmente se ignora en la vida cotidiana. Nosotros solo usamos alrededor de un tercio de la capacidad de los pulmones en la respiración normal. Cuando comienzas a usar más, encuentras que el sistema nervioso simpático funciona mejor y te ayudará a sentirte mejor en ti mismo. La meditación es estimulante, pero no se detiene con el aire que respiras, sino que enfatiza la importancia de la postura del cuerpo. Existen razones para esto también. Como tu cuerpo alberga puntos de energía en toda la columna vertebral, si te encorvas, no es posible que tu cuerpo abra estos puntos de energía y deje que la energía fluya a través de ellos. Por lo tanto, las posiciones de meditación pueden parecer un poco extrañas, pero no te preocupes. No se te pedirá que inicies con la posición de loto completa. Simplemente se te pedirá que te sientes de una manera donde tu espalda esté recta. Otro aspecto de la meditación es la puesta a tierra. Es posible que veas personas que meditan meciéndose hacia atrás y hacia adelante cuando están meditando mientras están sentados en una estera de yoga. Esto es simplemente para encontrar la posición que sea más cómoda, aunque en tu práctica, se te pedirá que mantengas los pies apoyados en el piso, ya que esto hace lo mismo.

La meditación comenzó tan atrás en la historia humana que sus orígenes son difíciles de rastrear. Sabemos que se usó en la India y también sabemos que en el siglo XII fue practicado por Guigo II, quien acuñó la palabra "meditato", que desde entonces se ha cambiado a meditación. En el hinduismo y el budismo, la meditación también se ha utilizado como parte de los rituales que forman parte de esas creencias, aunque el verdadero budismo no puede explicarse como una religión. Es simplemente una filosofía que explica su popularidad en otras partes del mundo. Incluso personas que son cristianas o de otra fe pueden practicar los actos introducidos por esta filosofía sin cambiar de religión o sin iniciar una nueva religión. Un ejemplo típico de esto es el fallecido Leonard Cohen, que era un judío practicante. En la última parte de su vida, comenzó con el budismo zen y la práctica de la meditación fue útil para él y lo ayudó a sentirse más cómodo como ser humano.

Si esperas encontrar revelaciones en este libro, el punto que destacaría en esta etapa es que la revelación que estás buscando está en tu mente. A medida que aprendas a incorporar la meditación a tu vida diaria, descubrirás, tal como lo hicieron hace varios siglos, que es tan relevante para la vida actual como lo era entonces.

Es algo que ayuda de muchas maneras y en el siguiente capítulo, explicaré lo que puedes esperar cuando comiences a meditar y por qué es tan importante que lo mantengas en tu rutina diaria.

Capítulo Dos: Los Beneficios de la Meditación.

"Mirar la belleza en el mundo es el primer paso para purificar la mente". AmitRay

Sin duda, eres consciente del hecho de que cuando las personas sufren de tensión nerviosa tienden a respirar en exceso. Lo que quiero decir con esto es tener ataques de pánico y respirar de manera irregular. Durante el curso de este tipo de respiración, lo que sucede es que se oxigenan en exceso, por lo que se les pide que respiren lentamente en una bolsa de papel para normalizar el flujo de oxígeno en el cuerpo. En la meditación, tu respiración es una parte vital del acto de meditación porque también te ayuda a estar tranquilo y receptivo. Por lo tanto, es vital entender que la forma en que respiras durante la meditación determina qué tan exitoso serás con el proceso.

Las tensiones que se imponen en el siglo XXI son reales. Ahora hay más personas que en cualquier otro momento de la historia que reciben tratamiento para la depresión y las enfermedades relacionadas con la ansiedad. Más personas están sucumbiendo a problemas del corazón y obesidad y la meditación pueden ayudarte en todos los aspectos de tu vida, incluidos estos tipos de problemas. La quietud de la mente y la capacidad de dejarse llevar son las realesherramientas aquí, y verás claramente que ellas tienen un impacto en tu salud y bienestar en general.

Tu corazón disminuirá su velocidad durante la meditación, lo que significa menos desgaste en el sistema cardíaco. También, cuando practiques meditación, descubrirás que tu presión arterial disminuirá y esto es algo que eventualmente puedes controlar hasta cierto punto con tu meditación. La meditación agudiza tu enfoque en la vida y puedes llegar a ser mucho más productivo, pero hace mucho más que eso. Puede agudizar tus sentidos y permitirte disfrutar de la vida a un nuevo nivel de felicidad, el de la felicidad interior y la satisfacción.

Aprendes a controlar tus procesos de pensamiento para no estresarte y puedes usar la meditación para ayudarte a centrar tus pensamientos en cosas que son de mucho más valor para ti en tu vida. También aprendes a controlar tus sentimientos y emociones en lo que concierne a las interacciones con los demás, porque el proceso meditativo te lleva a un estado sin prejuicios en el que puedes apreciar que otros tienen diferentes opiniones que tú y aceptar que ésta es la forma del mundo. Cuando no juzgas a las personas, gran parte del estrés de tu vida desaparece porque es este sentido del juicio el que te impone todo el estrés en primer lugar.

Siento que debo mencionar uno de los mayores beneficios que puedes obtener de la meditación porque, aunque algunas personas pueden no sentirse espirituales y no entender realmente la palabra, la meditación te llevará de vuelta al punto en el que te sientes cercano con tu creador - y realmente no importa quién crees que sea ese creador. Es este sentido dentro de ti que tú perteneces y que tú eres una parte vital del universo, tanto como lo es cualquier fragmento de la naturaleza. Sientes una calma y una auto aceptación que es muy difícil de captar en estos días, cuando la competencia es tan grande y la gente espera que sigas las normas de la sociedad.

Lo más emocionante que experimenté a través de la meditación fue el autocontrol. Me encontré capaz de calmarme en momentos de problemas y ver los problemas desde un punto de vista totalmente diferente. La meditación fomenta la empatía y la compasión, y cuando estas son cosas que incorporas a tu vida, te abren las puertas a la felicidad mejor que cualquier otra cosa que conozco, de manera permanente, en lugar de sentir placer y felicidad en las cosas temporales que las personas valoran tanto en estos tiempos.

Cuando vives en un caos perpetuo en tu vida cotidiana, no te das cuenta de cuánto control TÚ tienes sobre el resultado de tu vida. Por supuesto, habrá cosas que están más allá de tu control, pero cuando tomas las riendas de tu vida y puedes usar la meditación, también controlas el impacto de este caos en tu estado mental. Por lo tanto, la meditación te hace una persona más fuerte, capaz de soportar más y capaz de atravesar la vida sin permitir que la influencia externa te moleste hasta tal punto que se convierta en TU estrés. Te importa más, pero también aprendes que tienes poco control sobre la forma en que gira el mundo. Lo que sí tienes de tu lado es compasión y empatía, y mucha más paciencia de la que puedes haberte conocido en tu vida. Por lo tanto, la meditación te ayuda a enfrentar los altibajos de la vida y superarlos con el mismo vigor, en lugar de permitir que la agitación emocional enturbie tu juicio.

Capítulo Tres: Preparándote para Meditar.

"Para entender lo inconmensurable, la mente debe estar extraordinariamente tranquila, quieta". ~ JidduKrishnamurti

Cuando comienzas a meditar, necesitas un lugar al que puedas ir para alejarte del ruido y el bullicio de la vida. Al principio, meditarás durante aproximadamente 20 minutos cada día y debes dedicar un área de tu hogar o jardín a la práctica de la meditación. Esto significa decidir dónde quieres meditar. Yo encuentro mejor hacerlo en el jardín o en el dormitorio temprano en la mañana antes de que el mundo se haya vuelto ruidoso. Como principiante, querrás evitar lugares donde te interrumpa el ruido o la actividad. Una esquina en tu habitación está bien, siempre que apagues cosas como teléfonos celulares o cualquier cosa que pueda distraerte.

Aprendiendo a respirar.

Muchos estudiantes se ríen cuando les digo que tienen que aprender a respirar, pero el hecho es que en nuestras vidas cotidianas no respiramos de la mejor manera posible. Damos por sentado que respirar significa vida y, por lo tanto, seguimos adelante sin pensar conscientemente en cómo lo hacemos. Me gustaría que te sientes en una silla con la espalda recta y practiques la respiración. Cierra los ojos y ahora imagina que la respiración es algo que puedes ver, como una fuerza de energía que entra y sale de tu cuerpo.

Inhala por las fosas nasales. Puedes ser un respirador oral (por la boca) porque muchas personas lo son, pero hay razones por las que necesitas respirar por la nariz. Tus fosas nasales tienen filtros que permiten que el aire ingrese a tu cuerpo a la temperatura correcta y que también se limpie de toxinas externas. Por lo tanto, esto ayuda a tu cuerpo a trabajar mejor.

Respire a través de las fosas nasales hasta la cuenta de 8. Exhale hasta contar hasta diez.

Puedes tardar un poco en entrar en este ritmo, pero quiero que lo practiques de todos modos. Coloque una mano en la parte superior del abdomen y siente el ascenso y la caída de esta área mientras respira. Este es el tipo de respiración que harás cuando medites, así que practica y trata de ver cuánto tiempo tardas en seguir el ritmo de manera que puedas respirar a estas distancias sin siquiera pensar en ello.

Herramientas que puedes querer emplear.

Aunque en realidad no necesitas nada para meditar, hay cosas que pueden inspirarte. Cuando veas templos budistas, puede que te sientas entusiasmado por las exhibiciones de color. Estos altares no están allí para que puedan adorar cualquier cosa. Ellos están ahí para inspirar. Por lo tanto, si piensas en algo que te inspire en tu viaje, agrégalo a tu área de meditación. Podría ser una estatua de Buda. Podrían ser flores, velas, imágenes que te inspiren y aromas que amas.

También puede resultarle útil usar una esterilla de yoga y un cojín de meditación, aunque esto no es estrictamente necesario. Puedes meditar sentado en una silla de comedor normal, por lo que estas son opciones en lugar de obligaciones. Lo único que puedo decir a su favor es que muestra tu inversión en meditación y te alentará a meditar como parte de tu vida diaria. Yo tengo un cuenco tibetano y encuentro esto particularmente inspirador y puede haber cosas que quieras incluir en tu área de meditación que te inspiren igualmente.

Vestimenta.

Durante la meditación, realmente no importa demasiado lo que elijas usar, excepto que no debería ser restrictivo de ninguna manera. Puedes usar tu pijama si deseas, aunque nunca use nada que tenga una cintura constrictiva o cualquier área de incomodidad. De hecho, prefiero usar una bata de algodón porque es cómoda y nadie me va a ver en mi propio espacio privado. Hasta que te acostumbres a la meditación, debes considerar tus propias necesidades. Por lo tanto, lo que te haga sentir cómodo es una buena opción. Yo voy descalzo porque esto me ayuda a sentirme más en la tierra.

Una vez que estés seguro de tener todo lo que deseas, debes decidir en qué día comenzarás la meditación. Este es un compromiso y es un compromiso para un propósito específico. Nuestras mentes son tan complejas y están llenas de pensamientos que lleva un tiempo recuperar algo de tu práctica de meditación. Al principio debes comprometerte a esos 20 minutos al día para poder seguir adelante y aprender a beneficiarte de la meditación, así como comenzar a utilizarla en tu vida diaria para ayudarlo en momentos difíciles o estresantes.

Cuando tenga más experiencia, probablemente decidirás meditar por más tiempo, pero como recién llegado, no intente demasiado. Todo lo que estás estableciendo es un nuevo hábito y ese hábito es incorporar la meditación en tu vida cotidiana.

Capítulo Cuatro: Cómo Meditar.

"La calma mental sin perturbaciones se logra cultivando la amistad con los felices, la compasión por los infelices, el deleite de los virtuosos y la indiferencia hacia los malvados". Pantanjali

Elegir un momento para meditar es importante y deberías seguir la misma rutina todos los días. Yo sugeriría que la mañana cuando te levantes y antes de ir a limpiarte los dientes sea la mejor hora del día para meditar, porque el mundo está más tranquilo temprano en la mañana y es menos probable que te distraigas. Nunca debes meditar con el estómago lleno, así que no lo dejes hasta después del desayuno. El estado mental que tienes a primera hora de la mañana es ideal porque aún no te has despertado a la realidad del día y, por lo tanto, tienes el optimismo y el entusiasmo por la vida intactos a esta hora del día.

Meditación sentada.

Si has decidido sentarse en una silla, siéntate y asegúrate de que tu espalda esté recta. Ponte cómodo y ten los pies planos apoyados en el piso. Ellos te mantendrán en tierra. Ahora coloque una mano entre la otra, con las palmas hacia arriba y los pulgares tocándose.

Meditando en tu estera de yoga.

Si has decidido usar tu esterilla de yoga y un cojín, desliza el cojín por debajo de la espalda y dobla las rodillas, cruzando los tobillos. El lado de tus pies debe estar cómodo en el piso. Es posible que debas balancearte de lado a lado hasta que encuentres esa posición perfectamente cómoda, pero eso está bien. Hazlo. Luego, coloca tus manos una encima de la otra con las palmas hacia arriba y los pulgares tocándose.

La habitación en la que te encuentres debe

tener suficiente aire y debe ser un lugar tranquilo donde no te molesten.

Respiración.

Empieza a respirar como te mostré en el capítulo anterior. Respira a través de las fosas nasales hasta el recuento de siete y luego exhala hasta el recuento de nueve esta vez. Necesitas mantener este ritmo hasta que sientas que el ritmo llega fácilmente. Ahora comenzarás tu meditación. Durante el curso de la meditación, debes concentrar tu pensamiento en tu respiración y conteo y nada más. Cuanto más esfuerzo hagas para intentar mantener los pensamientos de tu mente, más fácil será para ellos penetrar en tu mente. Trata de pensar en términos de estar en un estado relajado en lugar de tratar de forzarlo. A veces en la vida haces cosas casi en piloto automático.
Tal vez te lo trates y puedas hacerlo sin siquiera pensarlo. Este es el tipo de estado mental al que apuntas.

Inhala por la nariz hasta la cuenta de siete.
Exhala a la cuenta de nueve.
CUENTA UNO

Inhala por la nariz hasta la cuenta de siete.
Exhala a la cuenta de nueve.
CUENTA DOS

Verás que cada ronda de inhalación y exhalación cuenta como una y la idea es que intentas llegar a diez sin dejar que los pensamientos invadan tu mente. Si te encuentras a ti mismopensando en algo, suéltelo sin permitir que tu mente juzgue el pensamiento o te juzgue a ti por su falta de concentración. Está presente en este momento. La forma en que la concientización plena entra en juego es que aprendes a observar el pensamiento y aprendes a dejarlo ir. Recuerdaque, si es un pensamiento sobre el pasado, el pasado se ha ido y nada puede cambiarlo. Si se trata de una preocupación por el futuro, el futuro aún no ha ocurrido y ninguna cantidad de pensamiento cambiará lo que la vida le arroje. Relájate en tu meditación y suelta los pensamientos.

La manera no crítica de enfocar su proceso de pensamiento es importante porque, al practicar esto todos los días durante su meditación, descubrirás que te ayuda en la vida a dejar de lado el juicio y cuando lo hace, la vida se vuelve mucho más fácil para ti de manejar. A menudo, nuestros problemas son el resultado de nuestro juicio de los demás o de las situaciones y tú necesitas dejar de juzgar y simplemente aceptar lo que es.

Capítulo Cinco: Calmando la Mente.

"Tu vida está determinada no tanto por lo que la vida te trae sino por la actitud que traes a la vida; no tanto por lo que te pasa sino por la forma en que tu mente mira lo que pasa".
KhalilGibran

Tu mente es un poder muy fuerte en tu vida. Todo a tu alrededor está cambiando y evolucionando, pero lo que quizás no sepas es que también estás evolucionando. Cuando aprendes meditación, permites que tu mente vea cosas que de otra manera nunca verías. Tu espíritu interior es capaz de alimentar su mente con inspiración y ayuda a energizarla para que cuando salgas a enfrentar la vida, lo hagas con una novedad de enfoque. Este enfoque te ayuda a ser más compasivo y empático y esto enriquece quien eres. Cuando termines tu meditación del día, es bueno tener unos momentos de reflexión y escribir en tu diario lo que crees que puedes hacer mejor la próxima vez para que tu práctica de meditación también esté evolucionando.

Durante el día tu mente está llena de todo tipo de experiencias, emociones, respuestas y es posible que actualmente no puedas controlar lo que sucede en la mente. Es posible que sufras de emociones como la ira, la frustración, los celos, la codicia, etc., pero a medida que continúas meditando cada día, comenzarás a reconocer estas emociones negativas como enemigos y comenzarás a eliminarlas de tu vida. La falta de juicio de los demás te ayuda a aquietar tu mente. Déjame mostrarte con un escenario cómo funciona esto.

John es muy crítico. Un conductor lo pasa camino al trabajo y luego se cruza frente al auto de John. Siente ira y frustración, suena la bocina y siente que la ira crece dentro de él. Cuando el comienza su día de esta manera, continúa siendo negativo porque su estado mental está alterado.

Ahora mira lo que sucede cuando John retoma la meditación y la concientización plena.

Él está conduciendo al trabajo y otro conductor comete un error por descuido y corta delante de él. Siente empatía por el conductor porque sabe que esta falta de experiencia podría terminar lastimando al conductor. Por lo tanto, retira su auto un poco para dejar pasar al conductor, sintiendo que ha hecho algo para calmar la situación.

Ambas situaciones son la misma. La diferencia es que, en el segundo escenario, no se utilizó un juicio severo. John siguió trabajando con un estado mental positivo porque no estaba molesto por lo que sucedió. En la vida, la mente se vuelve ruidosa cuando lo permitimos. Si no puedes perdonar a la gente, la ira interior te ira carcomiendo a ti, no a la persona con la que estás enojado. Cuando sientes odio hacia alguien, esa persona no sufre. Lo haces tú porque no es su mente la que está siendo devorada por el odio. Es la TUYA.

La meditación te enseña la diferencia y te permite tener una ventaja en la vida porque tu primera reacción ante cualquier situación se convierte en compasión. Comienzas a ver la vida de una manera diferente. Empiezas a responsabilizarte por tus respuestas y la meditación también tiene una manera maravillosa de calmar tu enfoque de la vida para que todos estos compartimentos desagradables en tu mente que pueden estar llenos de odio, preocupación, celos, codicia o cualquier tipo de negatividad permanezcan sellados y las únicas cosas que pasen por tu mente sean los pensamientos tranquilos.

Estás en el momento. No permitas que el pasado te persiga y levantas tu espíritu volviéndote menos crítico. Aprendes a dejar ir. Cierra los ojos por un momento y piensa en algo que te ha estado preocupando o en un pensamiento negativo que sabes que aún no has resuelto. Mira el pensamiento como si estuvieras mirando por la ventanilla de un tren y el pensamiento está escrito en un cartel junto a la vía. Solo estará a la vista por unos instantes. Míralo y luego déjalo ir. El tren lo ha pasado y ya no puedes verlo más. Ahí es cuando ganas paz interior y calma. Dejar ir aquellas cosas que te retienen en el pasado te liberará y te ayudará a vivir una vida más feliz y más plena.

Cuando necesites que tu mente se calme durante el día, siéntate en un lugar alejado de las personas y simplemente cierra los ojos por un momento. Puedes meditar en cualquier lugar. Respira el aliento de la vida en tus pulmones y deja que todos los pensamientos se vayan. Cuando puedes hacer esto, la claridad que obtienes es maravillosa y de eso se trata la meditación. Te permite abrir todas las maravillas que se encuentran dentro de tu mente que nunca habrás podido ver sin meditar. La meditación es para la vida. Es tan vital para ti como beber agua y comer alimentos.

Conviértelo en parte de lo que haces todos los días en tu vida y te ayudará de muchas maneras a vivir una vida sin negatividad. Luego, cuando las cosas suceden, y siempre lo hacen, la fuerza interior que has adquirido a través delconocimiento de la meditación te ayudará a estar en paz con tu mundo incluso a través del velo de la tristeza. Te fortalece y te ayuda a lidiar con lo que la vida te arroja.

Conclusión

Habrás visto en este libro que me apasiona este tema. Si descubres que no estás obteniendo lo suficiente de tu meditación, no te rindas. Tardaste años en llegar a donde estás y quizás la vida haya arrojado más que su parte justa de cosas malas en tu dirección. No pienses que todo esto puede ser olvidado de la noche a la mañana. Cuando aprendes a meditar diariamente, descubres que hay un momento en que te sientes animado por la vida y sientes una maravillosa sensación de bienestar. Puede que te pase a ti poco después y, en mi caso, recuerdo claramente que sucedió cuando realmente no estaba tratando de ser algo especial o de hacer algo especial. Ese momento de revelación, cuando lo entiendes bien, te llega y de repente te das cuenta de que todo este tiempo, fuiste la única barrera que te impidió alcanzar esta altura de felicidad en el pasado.

Supongo que la única forma de explicarlo

es como cuando aprendes algo más. Un niño aprende a caminar y la primera vez que puede hacerlo solo, es una celebración porque es un paso hacia algo que aún no se había descubierto. De manera similar, cuando aprendes a tocar el tipo, tocas las teclas y de repente te salen de la nada, es en este momento en el que simplemente estás haciendo lo que habías estado entrenado sin siquiera pensar en ello. Cuando aprendes a conducir un automóvil y de repente te encuentras a ti mismo haciéndolo perfectamente sin pensar en los actos que te llevan allí. La meditación es muy parecida. Una vez que dejas ir tu miedo o tu juicio de que tan bien lo estás haciendo, todo sucede por sí solo. Para llegar allí, sin embargo, debes tener la meditación como una parte regular de tu vida diaria.

Parte 2

Introducción

Este libro de "Meditación" contiene pasos y estrategias comprobadassobre cómo aprender con facilidad técnicas de meditación probadas en el tiempo. Quizás no te sientasmuy seguro acerca de los maravillosos beneficios de la meditación, o quizás tú ya sepas cómo meditar. De cualquiera de las dos maneras, este libro será un recurso invaluable. Este es simplemente el mejorestructurado y resumido libro sobre meditación en Amazon y te brindará ¡la vía rápida hacia la Meditación Mindfulness y cómo puedes beneficiarte inmensamente con ella!

Comenzarástu viaje a través de la meditación aprendiendo acerca de su esencia y beneficios. Después, serás introducido en la técnica más básica de meditación que todos podemos realizar. Tú podrás escoger de la variedad de técnicas meditativas aquella que te ayudará a sentirte libre de la ansiedad, volverte más productivo, incrementar tu capacidad mental, estar conectado con tu lado espiritual y sentirte más feliz y contento. Al final, aprenderás a cómo crear una rutina que convierta la meditación en un hábito diario, lo que te garantizará los beneficios que se obtienen con la práctica de todos los días.

Gracias por adquirir este libro. ¡Espero que lo disfrutes!

Capítulo 1. Comprendiendo la Meditación y los tipos de beneficios que puedes recibir al practicarla.

La Meditación está lejos de ser complicada. De hecho, puede explicarse en solo cuatro pasos: siéntate, permanece en silencio, concéntrate en tu interior y enfócate en tu conciencia. Es eso, básicamente.

Pero, ¿por qué hay tanta gente buscando respuestas más grandes, lo que resulta en otras personas escribiendo tantos libros y artículos sobre meditación (así como este)? La razón de esto es porque las personas no saben a dónde dirigirse después del último paso. Tienden a inquietarse o aburrirse. Por lo tanto, este libro sirve de guía. Te señalará la dirección correcta e incluso te brindará diferentes maneras de alcanzar tu destino. También te mostrará algunas técnicas sencillas sobre cómo puedes llegar a la vez que te da los beneficios que ganarás haciendo el recorrido.

Comienza el viaje

Imagina que estás a punto de embarcarte en una aventura. ¿Cómo alcanzas el destino deseado? Necesitarás el equipamiento adecuado y las técnicas correctas, así como el mapa que guíe tu camino. Hay múltiples rutas, pero todas ellas llevan al mismo lugar. Naturalmente, algunas rutas son más difíciles de atravesar que otras y la decisión de cuál de todas vas a seguir, dependerá de tus energías, tus metas y tus preferencias personales.

Bueno, este es tu viaje a través de la meditación y depende de ti cuán lejos estás dispuesto a llegar para alcanzar tu destino. Donde quiera que te detengas, habrás llegado. Puede sonar confuso, pero no hay ninguna competencia en la meditación; el viaje *es* el destino.

Los beneficios a lo largo del camino

Lo más lejos que logres avanzar en tu viaje, más beneficios obtendrás para ti mismo. En el capítulo 2 discutiremos en detalle las increíbles ventajas que la meditación tiene en todas las áreas de tu vida, pero para

comenzar, enumeraremos sus beneficios aquí. Mientras tú avanzas en tu camino a través de la meditación, tú:
- Te centrarás más
- Te aliviarás del estrés, la tensión y la ansiedad
- Pensarás con más claridad y estarás más en paz con tus emociones.
- Reducirás tus niveles de colesterol y presión sanguínea.
- Tendrás más fuerza de voluntad para dejar adicciones y otros hábitos negativos.
- Obtendrás más creatividad y productividad, ya sea pro trabajo o por placer.
- Serás más seguro de ti mismo.
- Experimentarás más amor y alegría.
- Desarrollarás una relación más cercana con tus familiares, amigos y seres queridos.
- Te sentirás más feliz, más contento y serás más compasivo.
- Serás iluminado con una sensación de propósito y sentido en tu vida.
- Crecerá tu contacto con tu lado

espiritual.

Estos beneficios también funcionan como "paradas" a todo lo largo para el destino. De ti depende, si te sentirás satisfecho con experimentar los primeros tres o si estás dispuesto a llegar hasta el final. Con suerte, te sentirás inspirado para seguir adelante y continuar experimentando todo aquello que viene con la meditación; ya que como puedes ver, todos y cada uno de ellos vale la pena el esfuerzo.

Capítulo 2. Las principales razones por las que debes meditar y los increíbles beneficios en todas las áreas de tu vida.

La mayoría de las personas desean saber qué es lo que hay guardado para ellos antes de comprometer su tiempo y su energía a cualquier actividad. Querer esto es algo natural y práctico, porque ¿por qué deberías hacer algo si es inútil?

Démosle un vistazo a la meditación. ¿Por qué deberías dedicar de 10 a 20 minutos de tu tiempo libre todos los días, solo para concentrarte en tu respiración o decir la misma frase una y otra, y otra vez, cuando puedes navegar en línea o jugar un video juego? Bueno, este capítulo sirve para mostrarte las principales razones por las que debes meditar. Una vez que comiences a meditar, experimentarás de primera mano estos increíbles beneficios.

Los beneficios fisiológicos
Comencemos por echar un vistazo sobre lo que la meditación puede hacer por tu cuerpo:

- Baja la presión sanguínea.
- Desacelera los latidos del corazón
- Mejora el manejo del estrés
- Reduce las ondas *beta* (que son las que componen las ondas cerebrales responsables del pensamiento), a la vez que aumenta las *alfa, delta y gamma* (que son las ondas cerebrales responsables de una mayor actividad mental y profunda relajación).
- Aumenta la sincronización entre los hemisferios derecho e izquierdo del cerebro (lo que resulta en mayor creatividad)
- Reduce los riesgos de accidentes cerebrovasculares y de ataques cardíacos.
- Incrementa la esperanza de vida.
- Reduce los niveles de colesterol
- Reduce la utilización de energía, lo que se traduce en una reducción en la necesidad de oxígeno.
- Mejora la técnica de respiración (más lenta y profunda).
- Relaja los músculos
- Desarrolla un aumento en el umbral del

dolor.

Los beneficios fisiológicos

Una gran parte de lo que hacemos en la meditación implica actividad mental, por lo tanto es algo natural que beneficie grandemente a la mente también.

- Te sientes más feliz y alcanzas paz mental.
- Aprecias mucho más y sientes mayor placer por el momento presente.
- Manejas mejor las emociones negativas, lo que resulta en una reducción de cambios de humor.
- Desarrollas relaciones amorosas y armoniosas contigo mismo y con otros.
- Creces en compasión y empatía.
- Te vuelves más creativo y más seguro de ti mismo.
- Tu mente se vuelve más acuciosa, piensas con más claridad y sensibilidad.
- Sentimientos de ansiedad, ya sean agudos o crónicos, se reducen en gran medida.
- La meditación puede ser emparejada con otros enfoques (así como la

psicoterapia) en tratamientos de hábitos negativos como las adicciones.

Aprendiendo lecciones de vida a través de la meditación
Además de estos maravillosos beneficios para tu mente y cuerpo, hay muchas más importantes razones por las que debes meditar. Lo grande de la meditación, es que no necesitas inscribirte o convertirte en miembro de una iglesia o de una organización para disfrutar estos beneficios. Todo lo que necesitas es practicar la meditación todos los días. Ni siquiera tienes que gastar ningún dinero. Ahora bien, aquí hay más grandiosas razones por que meditar y ellas implican aprender importantes lecciones de vida:

Aprendes a abrazar el momento presente.
La meditación te enseña a saborear cada momento así como se presenta y realmente nos recuerda sobre nuestra existencia. Te das cuenta que el pasado solo es un recuerdo y el futuro está todavía alimentado por nuestra imaginación.

Aprendes a amarte a ti mismo. Dicen que este es un mundo implacable, donde se vuelve imperativo que alcances a los demás o incluso puedas vencerlos. A lo largo del camino, pierdes de vista quien eres y lo que realmente deseas. Incluso comienzas a dudar de ti, sientes lástima y hasta te odias por no ser capaz de alcanzar las expectativas de otros. Sin embargo, la meditación te permite dar la bienvenida a tu yo verdadero sin hacer juicios y eventualmente aprenderás a amarte a ti mismo.

Aprendes a desarrollar una conexión más profunda con otros. El vínculo con otras personas se vuelve más significativo porque has aprendido a enfocarte únicamente en el momento presente que tienes con ellos. La comunicación se vuelve más natural y fluida.

Aprendes como permanecer equilibrado y con los pies en la tierra. La vida está llena de inseguridades y es la meditación la que ofrece consuelo sobre situaciones que no puedes controlar. Aprendes a apreciar la vida por lo que es (algo dinámico e impredecible) y aun así sentir el equilibrio que viene de adentro con la seguridad de que todavía tienes tu cuerpo, tu mente, tus sentidos y tus sentimientos.

Capítulo 3. Comprendiendo qué es la Meditación Mindfulness y qué significa estar en el presente.

La frase "vivir en el presente" ha sido mencionada varias veces en los primeros dos capítulos y por una buena razón. Muchos de nosotros sabemos lo que significa vivenciar el momento presente por lo que es, pero no todos tenemos el hábito de hacerlo.

Cuando le prestas atención al momento presente, tú estás siendo consciente. Mindfulness o Conciencia plena cultiva la aceptación, la compasión y la curiosidad. La vida se vuelve más placentera porque está libre de los confines de los arrepentimientos del pasado y las angustias del futuro.

La Meditación Mindfulness es una manera de formarse el hábito de vivir en el momento presente. La naturaleza de la conciencia plena no se limita a cinco o diez minutos por día, sino que debe convertirse en parte de una rutina diaria. Para ser más específicos, Mindfulness es una forma de vida.

Cómo hacer Meditación Mindfulness

La Meditación puede practicarse en cualquier momento y en cualquier lugar donde te sientas cómodo. Sin embargo, es recomendable que evites meditar después de que has ingerido una comida pesada o cuando tienes mucha hambre, porque en esos casos tu atención se centra solo en tu estómago. La meditación Minfulness se puede hacer mientras estás sentado, caminando, comiendo o simplemente respirando.

Si esta es la primera vez que lees algo sobre meditación Mindfulness, puedes intentar este simple ejercicio para que puedas experimentar lo que es estar realmente consciente. El ejercicio se llama "meditación de la comida" y necesitarás una uva pasa o cualquier otro trozo pequeño de comida.

Paso 1: Coloca la pasa en tu mano. Pretende que nunca has visto o comido una uva pasa antes. Tómate tu tiempo para admirar tu color característico y su textura. Siente cada arruga a lo largo de su cáscara y su delicadeza cuando la sostienes entre tus dedos.

Paso 2: Olfatea la uva pasa con suavidad y toma nota de su aroma. Si no tiene ninguno, nota como te hace sentir esa carencia de olor.

Paso 3: Coloca la pasa cerca de tu oído y gírala entre tus dedos índice y pulgar. Presta atención y escucha si hace algún sonido.

Paso 4: Retira la pasa de tu oído pero síguela rotando entre tus dedos. Cierra tus ojos y deja que tu sentido del tacto se llene por completo de la sensación de la pasa. Aprétala suavemente y observa cómo se siente.

Paso 5: Toma la pasa y acércala a tu boca. Ponla con suavidad sobre tus labios y experimenta como se siente. Ponla sobre tu lengua y reflexiona en cómo te hace sentir. ¿Te sientes aliviado? Siente cómo la pasa rueda cuando mueves tu lengua, y luego colócala entre tus dientes y muérdela. Vive la experiencia de saborear la pasa y cómo cambia su sabor y su textura conforme la vas masticando y la tragas. Permanece en la experiencia hasta que hayas consumido completamente la usa pasa.

Paso 6: Observa el gustillo que queda en tu boca después que hayas experimentado comer la uva pasa.

Después que hayas terminado esta pequeña meditación Mindfulness, pregúntate lo siguiente: ¿Cómo te sientes después de terminar el ejercicio? ¿Qué te hará sentir esta experiencia cuando comas pasas en el futuro? ¿Qué has aprendido y encontrado acerca de ti mismo?

La meditación Mindfulness es mucho más que este ejercicio. Es simplemente acerca de traer tu conciencia plenamente a lo que estás haciendo en cada momento. Sin pasado, sin futuro. Solo ahora.

Capítulo 4. Guía de inicio rápida acerca de cómo meditar y meditación para principiantes.

La regla de la meditación es muy simple: relájate y enfoca tu completa concentración a un área específica. Una vez que lo domines, puedes encaminarte a explorar y probar otras técnicas de meditación, a fin de descubrir cuáles son las más adecuadas para ti. Por ahora, comenzaremos con una simple meditación de conteo.

Cómo hacer meditación de conteo para principiantes

Antes de meditar, lo primero que debes hacer es determinar un tiempo específico en el cuál harás la meditación, preferiblemente temprano en la mañana o tarde en la noche, porque esos son los momentos en que con seguridad hallarán paz y quietud.

Luego busca un lugar donde puedas acomodarte en el piso con las piernas cruzadas. Si es posible, deberías sentarte frente a una pared lisa, lo recomendable es sentarse a una distancia de unos cincuenta centímetros a un metro.

Ahora, para comenzar con el conteo de meditación, asegúrate de vestir ropa holgada y cómoda. Siéntate en el piso sobre un cojín, con las piernas cruzadas y viendo hacia la pared.

No te preocupes mucho acerca de si te estas sentando o no en la posición correcta. Lo que es más importante es que te sientas cómodo. Si tienes problemas de espalda, tienes la opción de sentarte en un silla o de hincarte, Asegúrate de que tu columna está recta y que tu barbilla está ligeramente hacia abajo. Mantén los hombros relajados. Abstente de cerrar los ojos. En vez de eso, baja la mirada y céntrate en el piso, a unos cincuenta centímetros frente a ti.

Pon tus manos sobre tu regazo, las palmas hacia arriba y coloca los dedos de tu mano izquierda encima de los dedos de tu mano derecha, presiona ligeramente los pulgares.

Estamos ahora por comenzar las

respiraciones. Respira como normalmente lo harías, no tan profundo pero tampoco muy rápido. Concéntrate en tu respiración, en como fluye hacia adentro y hacia de tus pulmones.

Mientras alcanzas un estado meditativo, comienza mentalmente a contar de uno a diez, con cada conteo, usa uno para inhalar y uno para exhalar. Repite el ciclo de conteo por el tiempo que desees, solo asegúrate de mantener la postura.

Habrá momentos en que te distraerás con tus pensamientos. Cada vez que esto suceda, deja que el pensamiento se deslice en tu mente, no lo entretengas ni te apegues a él. Imagina esos pensamientos como vagones de tren que están pasando. Puedes verlos, pero no puedes subirte a ninguno de ellos. Continúa concentrándote en donde te encuentras y vuelve a comenzar el conteo.

Puedes meditar todo el tiempo que quieras hasta que sientas que tu mente está por completo descansada. Si eres de los que está muy pendiente del tiempo (lo cual es completamente normal), puedes dejar una alarma que te indique cuando terminar la meditación. Selecciona un tono suave (así como el sonido de un gong), en vez de una alarma fuerte, para que puedas suavemente salir del estado de meditación.

Capítulo 5. Cómo usar la meditación para dejar de preocuparse y manejar la ansiedad.

La preocupación sucede cuando la mente está pre-ocupada por el pasado o por el futuro, pero es indiferente con el momento presente. Sin embargo, preocuparse no dará ninguna solución en lo absoluto. No hay nada en la preocupación que ayude a resolver el problema que tienes frente a ti. De hecho, solo hará que la situación empeore porque reducirá tu habilidad para pensar razonablemente.

Durante los ataques de ansiedad, usa la meditación para permanecer en calma y equilibrado. Una vez que hayas superado los pensamientos y sentimientos negativos, estarás listo para enfrentar el problema y resolverlo. Si es un problema que no puede ser resuelto, la meditación te ayudará a aceptarlo y a avanzar en tu vida sin remordimientos.

Calma la mente con la Meditación

Trascendental

La técnica de la Meditación Trascendental, con frecuencia llamada MT, es practicada durante quince a veinte minutos, dos veces al día, mientras permaneces sentado con los ojos cerrados. A través de este estado de meditación, tú estás supuesto a repetir un mantra. MT tiene múltiples propósitos, pero aquí la usaremos específicamente para aliviar la ansiedad.

El primer paso para realizar la MT será seleccionar un mantra. Un mantra es una palabra o una frase que encierra un significado especial para ti. Deberá ser una sola cosa en la que estarás completamente enfocado. Este mantra debe repetirse en silencio en la mente y no debe decirse en voz alta, aunque en realidad esta regla no está escrita en piedra.

Aquí hay algunas sugerencias de los que debes usar como mantra, en caso de que todavía no hayas conseguido una propia:

"Yo estoy en calma y tranquilo"
"Inhalo calma, exhalo tensión"
"Yo me amo incondicionalmente"
"Este problema es temporal"

"Estoy por encima y más allá del estrés. Estoy en paz"
"Todo está bien en mi mundo"
"Mi futuro es brillante"
"Todo lo dejo a Dios/el universo"
"Yo soy más fuerte que el miedo"

¿Te has decidido por alguno de los mantras? Continuemos.

El siguiente paso ahora es encontrar un rincón tranquilo donde no seas interrumpido. Si estás en tu habitación, lo mejor es poner cerrojo a la puerta. Siéntate confortablemente en ese lugar especial y cierra tus ojos. Si lo quieres, puedes también acostarte. Lo que importa es que tú te liberes de toda tensión y permitas que tus músculos se relajen.

Ahora, inhala y exhala profundamente para disponer el ánimo. Una vez que tú sientas que has alcanzado un estado de meditación, comienza mentalmente a repetir tu mantra. Permite que tu mente la diga articuladamente. Permite que el mantra sea la única cosa que ocupe tu mente. Cualquier otra cosa necesita ser dejada fuera. Si un pensamiento de preocupación persistentemente se abre camino en tu mente, puedes exclamar en voz alta: ¡No!; y luego regresar a tu mantra. Continúa repitiéndolo hasta que te sientas ligero y en calma. Luego lentamente abre tus ojos, ponte de pie y continúa con tu día.

Algunas veces ayuda tener una música suave de fondo o ruido blanco que ayude a poner en paz tu mente. Mira si esto crea el ambiente adecuado para ti. Aunque puede que esto no funcione para todos, puesto que puede convertirse en una distracción. Otra alternativa es encontrar audios gratuitos en línea de MT, con los que puedes concentrarte en las grabaciones. Así sea la opción que elijas, lo más importante es que te sientas aliviado al terminar cada sesión.

Capítulo 6. Técnicas para incrementar la productividad usando la meditación.

Productividad es cuando tú sabes exactamente lo que estás haciendo y te has propuesto hacerlo complete y sin interrupciones. Al relajarte, la meditación te ayuda a alcanzar ese estado de productividad y te permite enfocarte solo en la tarea importante que tienes en tus manos.

Meditación para alcanzar la máxima productividad

Si tienes una tarea que quieres ejecutar bien, entonces realiza esta técnica de meditación varias veces antes de comenzar. Es llamada técnica de meditación con visualización y es usada con regularidad por atletas.

Primero, siéntate en una postura confortable y cierra tus ojos. Toma varias respiraciones profundas, permitiéndote relajarte con cada exhalación. Haz esto durante varios minutos hasta que todo tu cuerpo esté completamente relajado.

Luego, imagínate haciendo una tarea importante desde el inicio hasta el final. Haciendo la visualización tan vívida como puedas, permitiendo que tus sentidos experimenten la tarea a través del ojo de tu mente.

Mientras te visualizas en el punto máximo de su cumplimiento, incluye el sentimiento de sentirte bien por ello. Permite a tu ser empoderarse y entusiasmarse, o al menos disfrutarlo. Si sientes miedo o ansiedad en cualquier momento de la visualización, debes parar y dar respiraciones profundas hasta que el sentimiento negativo se ha ido. Después de eso, regresa a la visualización.

Una vez que hayas completado la visualización de la tarea, toma unas respiraciones profundas, ponte de pie y continúa con las actividades de tu día. Asegúrate de hacerlo varias veces antes de realizar la verdadera tarea, para mejorar la productividad y tu desempeño.

Capítulo 7. Estrategias para incrementar la espiritualidad usando la meditación.

La meditación continúa definitivamente te permitirá experimentar cierto nivel de espiritualidad. Tal vez a alguno de ustedes les suene extraño, pero también la espiritualidad es una experiencia personal que no puede ser explicada de la misma forma a todo el mundo. Sin embargo, permítete comprender el concepto de espiritualidad que está vinculado con la meditación, aquí hay algunas de las experiencias que podrías experimentar:

- Una placentera sensación de ser bendecido.
- Una corriente de energía que sube por la columna.
- Experimentar que el cuerpo se funde dentro de la luz o que se expande y se dispersa a través del espacio.
- Un profundo conocimiento de una presencia sagrada que trasciende el tiempo y el espacio.
- Visiones de seres espirituales.
- Sentimiento de amor incondicional de

una entidad superior.

La sensación de estar en contacto con una dimensión espiritual es algo que cala profundamente hasta lo más profundo del cuerpo y alma de cada uno. Algunas personas se sienten fuera y encima de sí mismas, mientras que otras sienten como si algo saliera de dentro de ellas. Para estar en contacto con tu espiritualidad a través de la meditación, debes intentar el siguiente ejercicio que te permitirá reconocer tu "cuerpo energético".

Meditación para ponerte en contacto con la energía de tu cuerpo.

Si alguna vez has sentido que tú eres más que solo un cuero físico, entonces querrás ponerte en contacto con tu cuerpo energético. Tu cuerpo energético en el aura de energía que envuelve a tu cuerpo físico. Y no conoce límites.

El primer paso para sentir la presencia de tu cuerpo energético es sentarte en silencio en tu esquina de meditación y cerrar los ojos. Después, inhala y exhala despacio y profundamente. En cada respiración que exhales, permítete a ti mismo relajarte gradualmente.

Continúa respirando profundamente, pero esta vez vas a visualizarte tomando una caminada en la naturaleza, tal vez con un ser querido. Permite a tu ser permanecer en esta visualización tanto como desees. Toma conciencia de lo ilimitado que se siente en el ojo de tu mente.

Entonces imagina una situación mundana que sea frustrante, como quedar atascado en el tráfico. Tratando de no imaginar nada, chequea si puedes ver con el ojo de tu mente, el aura a tu alrededor. Trata de identificar cuán grande es y qué tan lejos se extiende de tu cuerpo físico. Nota que tan gruesa o delgada es, o en que zonas parecer ser más gruesa que en otras.

Una vez que finalmente notes tu energía, permite que se expanda a lo largo de toda el área donde estás sentado. Llena toda la habitación con la energía, así como lo has visualizado con el ojo de tu mente. Permite que se expanda tan lejos como tú desees que llegue.

Finalmente, retráela lentamente a tu

alrededor. Nota como se vuelve más densa cuando la contraes de nuevo a su forma original. Haz esto, continúa expandiéndola y retrayéndola varias veces y nota cómo te hace sentir.

Meditación para ponerte en contacto con una realidad mayor.
Para inclinarse espiritualmente hacia el SerSupremo (puede ser Dios, el Espíritu o Buda), puedes probar el siguiente ejercicio, que proviene de una antigua práctica devocional tibetana.

Primero, siéntate en silencio y cierra tus ojos. Comienza a respirar despacio y profundamente, permitiéndote relajarte gradualmente cada vez que exhala.

Luego, imagina que el Ser Supremo está frente a ti o sobre ti. Si tú no crees en ningún ser superior, entonces imagina un ser que contiene una gran compasión y una infinita sabiduría. No es necesario tener que crear una visualización. Lo que importa es que sientas esa presencia arrolladora.

Profundiza tus sentimientos de devoción

hacia el supremo y siente esta existencia real en este mismo momento. Relaja tu cuerpo y entrega toda la tensión a tu ser supremo.

Permite a tu ser sumergirse completamente en el resplandor de este ser iluminado. Luego recita un mantra devocional, si tienes uno.

Siente una abrumadora sensación de unidad con el ser supremo e imagina rayos brillantes de pura luz blanca que brotan de lo supremo y penetran en el centro más profundo de tu cuerpo, mente y espíritu. Quédate dentro de esta luz todo el tiempo que quieras.

Capítulo 8. Consejos para incrementar la capacidad de tu mente usando la meditación.

Un beneficio práctico que la mayoría de personas desearía obtener con la meditación es aumentar la capacidad cerebral. De hecho, la meditación puede ayudar a aumentar el poder mental siempre que se practique de forma regular. Esto se debe a que un estudio reciente ha demostrado que esto puede mejorar las regiones clave del cerebro asociadas con la retención de memoria.

Consejos de meditación para la capacidad mental
Cualquier técnica de meditación puede ser utilizada con el propósito de mejorar la capacidad mental, siempre y cuando se practique a diario. Por supuesto, tiene que ser una meditación de calidad, en la que estés completamente inmerso en un estado de meditación tal, que afecte de manera positiva tu cerebro. Aquí hay algunos indicadores acerca de cómo

alcanzarlo:

- **Clasifica tus pensamientos.** Cuando estás atascado con pensamientos que te distraen de tu foco de atención, clasifícalo. Esto le dará la señal a tu mente, de que sí, estás reconociendo el hecho de que te estás desviando pero no vas a permitirle que te saque completamente del estado meditativo. Algunos ejemplos de clasificación pueden ser: pensamientos de "trabajo", "familia", "escuela" y "fantasía".
- **No te juzgues a ti mismo.** Cada vez que te sorprendas a ti mismo yéndote hacia el hilo de tus pensamientos, evita pensar que no eres bueno pata meditar o que no eres del tipo de persona que medita. Esto podría afectar mucho todo el proceso. En vez de eso, piensa que todo el mundo puede meditar, especialmente tú. Y de inmediato lleva tu completa atención de regreso al objeto de tu atención.
- **Usa la meditación cada vez que puedas.** No es necesario que estés sentado para meditar. Puedes hacerlo

cada vez que estés ocupado en alguna tarea cotidiana como lavar el carro o los platos. Incluso puedes hacerlo cada vez que te sientas triste. Respira y observa tus pensamientos como si tú estuvieras flotando sobre tu cabeza y leyendo las ideas de otras personas. También date a ti mismo dos minutos de respiraciones cada cierto tiempo.

La meditación te ayuda a practicar la concentración en un área en particular en ese momento. Esto entrena al cerebro en esta habilidad, lo que también puede ser traducido en enfocarse en otros temas importantes como el trabajo y la creatividad. El acto de meditar también mejora tus habilidades metacognitivas, lo que es esencial para la inteligencia en general.

Capítulo 9. Estrategias para incrementar la felicidad y la satisfacción usando la meditación

La felicidad es sobre vivir el momento y saborear el sentimiento propio de estar vivo. Es tan simple como eso. Si tú necesitas un poco de ayuda a través de la meditación para sentirte a gusto con la vida, entonces aquí hay dos técnicas sencillas que puedes utilizar.

La felicidad en el momento
Esta es una técnica sencilla de meditación, es algo que puedes hacer cada vez que quieres sentirte bien. Simplemente consiste en saborear los pequeños placeres de la vida.
El primer paso es decidir sobre una actividad sencilla y placentera, que tú usualmente no aprecias mucho. Algunos ejemplos pueden ser cocinar la cena, caminar por el parque, beber café caliente, relajarte en un baño caliente de burbujas, y jugar con tu mascota.
El siguiente paso será disfrutar esta

actividad y permitir a tus sentidos se llenen de la complacencia. Toma conciencia de los sentimientos positivos que conlleva la actividad, como la relajación, el deleite y el amor.

Esoestodo.Así de sencillo es poder sentirte feliz. Haz esto al menos una vez al día, por lo menos durante una semana y al final de la semana notarás cómo te sientes en general con la experiencia. ¿Te hace sentir más a gusto y optimista?

Experimentando alegría

Antes de irte a la cama, reflexiona sobre lo sucedido durante todo el día. ¿Te detuviste más en lo bueno o en lo malo? ¿Te enfocaste más en los éxitos o en los fracasos? La verdad es que tú tienes el poder de influenciar tu mente. Las personas felices y exitosas escogen ser felices y alegres. Cada vez que ellos se enfrentan con algún fracaso, ellos lo ven como un caso aislado y no algo que se convierta en parte de ellos.

Para ayudar a desarrollar esta actitud en ti, puedes hacer la siguiente técnica meditativa:

Siéntate confortablemente y realiza respiraciones profundas. Mientras continúas respirando, recuenta todos los momentos felices que te sucedieron en las últimas veinticuatro horas. Puede ser un momento amoroso con algún amigo o familiar. Puede ser una deliciosa comida o una película corta, o incluso un momento de juego con tu mascota. Reproduce todo el momento en tu mente y disfruta de lo bien que te hace sentir.

Permite que los sentimientos de alegría y gratitud por estas maravillosas experiencias de tu vida florezcan desde lo más profundo de tu ser. Si encuentras difícil encontrar estos sentimientos, enfócate en tu corazón y ábrete a los sentimientos que evocas cuando experimentaste ser amado y protegido.

Continúa expandiendo estas emociones al reflexionar sobre todos los momentos felices a lo largo de tu vida. No te olvides de mantener las respiraciones profundas.

Cada vez que recuerdos negativos aparezcan, imagina que flotan alrededor como si fueran nubes. Quédate solo con los buenos recuerdos. Permanece sumergido en estas buenas memorias todo el tiempo que desees.

Este ejercicio sencillo es ideal realizarlo antes de irse a dormir. Al instante te hace sentir feliz y te ayuda a aliviar el dolor y la fatiga, permitiéndote tener una noche de descanso.

Capítulo 10. Una guía rápida y fácil para principiantes para llevar a la práctica una rutina diaria de meditación, que junte todos estos grandiosos consejos de meditación.

Aunque muchas personas de hecho han tratado de meditar, solo unas pocas pueden mantener el hábito. Esto hace que la meditación constante sea una preocupación mucho mayor en comparación con la meditación en sí. Como principiante en la meditación, tu objetivo sería no solo aprender a meditar, sino también en convertirlo en un hábito diario.

Para que la meditación se convierta en una rutina diaria para ti, aquí hay unos consejos rápidos y fáciles.

Establece un tiempo determinado. Solo serás capaz de beneficiarte con la meditación, si la practicas regularmente. Para que esto se convierta en un hábito, reserva al menos diez minutos dos veces al día destinados únicamente para meditar.

Ten un propósito para la meditación. La

meditación es todo acerca de enfocarse, lo que significa que la fuerza de voluntad está completamente involucrada en el proceso. A veces un poco de motivación es lo que necesitas para seguiruna rutina y detrás de la motivación está el propósito. Piensa cuál es la razón por la que quieres meditar y permite que eso sea un recordatorio constante.

Establece un área específica para meditar. Es de ayuda si tú tienes un rincón tranquilo destinado únicamente para ser tu área de meditación. Haz que sea propicio para meditar agregando un cojín suave y algunas velas. Deja que fluya tu creatividad.

Comienza con la respiración. Si es el momento de meditar pero sientes que "no estás de ánimos", simplemente siéntate, relájate (pero mantén tu espalda recta), y enfócate en la respiración. Programa tu alarma para recordarte cuando el tiempo haya transcurrido. No importa si te sientes o no calmado al final de la sesión. Lo importante es que lo hiciste.

Haz algunos estiramientos. Aquí hay otra

manera de comenzar la meditación, aun cuando no tienes ganas de hacerla. Estira tu cuerpo, comenzando con los brazos, ponte derecho y luego trata de tocar la punta de los pies. Estira tus brazos hacia arriba como si quisieras tocar el cielo. Luego toma asiento y comienza a meditar. Te darás cuenta de que todo lo que necesitabas hacer primero era liberar algo de la tensión de tus músculos.

Reconoce la frustración cuando golpee. Es completamente normal que un principiante comience a pensar: "esto no tiene sentido", "estoy perdiendo el tiempo", y otros pensamientos de frustración. Cada vez que te descubras sintiéndote de esta manera, recuérdate que estos son los obstáculos que te impiden reconocer tu verdadero potencial y experimentar la ida al máximo. Tú sabes que la meditación puede llevarte allí, así que no dejes que la impaciencia se interponga en tu camino.

No dejes de leer sobre meditación. Cada vez que encuentres el tiempo para leer, busca aprender sobre meditación. Los pensamientos y sugerencias de los expertos y compañeros practicantes te inspirarán a continuar con tu rutina y te recordarán sobre los beneficios de la meditación constante.

Explora. La meditación es como un primo del ejercicio, lo que significa que tú debes también incluir variedad en tu meditación, de los contrario te aburrirás. Hay muchas y diferentes técnicas de meditación para que tu practiques todos los días. Tiene el mundo a sus pies.

Conclusión

¡Gracias de nuevo por comprar este libro de meditación!

Estoy extremadamente emocionado de transmitirte esta información y estoy feliz de que lo hayas leído y con suerte pueda usar estas estrategias y avanzar.

Espero que este libro pueda ayudarte a comprender qué es la meditación y cómo hacerla parte de tu vida diaria, y así puedas experimentar felicidad, paz y productividad.

El siguiente paso es que comiences a usar esta información y con suerte, ¡Vivas unas vida llena de tranquilidad y felicidad!

Por favor, no seas una persona que solo lee esta información y no la aplica, las estrategias te este libro solo te beneficiarán ¡Si las usas!

Si conocer a alguien que puede

beneficiarse con la información aquí presentada, por favor hazles saber sobre este libro.

¡Gracias y buenasuerte!

www.ingramcontent.com/pod-product-compliance
Lightning Source LLC
Chambersburg PA
CBHW071252070526
44583CB00017B/2441